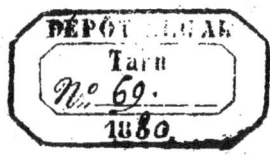

# LE NOUVELLISTE

## DU TARN

### ET

## LE CURÉ DE MONESTIÉS

Curam habe de bono nomine.
Eccli. c. 41- v.15.

La NÉCESSITÉ de me défendre contre les perfides calomnies du NOUVELLISTE, m'impose la publication de ces quelques feuilles.

Je prie mes amis et confrères de les lire attentivement et de les faire lire autour d'eux.

L'abbé P. CAPUS,
Curé-doyen de Monestiés.

# LE NOUVELLISTE DU TARN

ET

# LE CURÉ DE MONESTIÉS

*Nota.* J'ajouterai, peu en forme d'explication, aux lettres qui vont suivre et adressées à M. Escande, Rédacteur en chef du *Nouvelliste*. Ces lettres mettront suffisamment, par elles-mêmes, au courant du conflit. Il est des choses que je ne dirai pas, mais que le lecteur devinera et comprendra. J'entre en matière.

---

*Le 25 août 1880, le* Nouvelliste *publiait une correspondance anonyme de Monestiés signée* Saint-Crépin, *par laquelle j'étais évidemment désigné et diffamé. Le lendemain 26, j'adressai au* Nouvelliste *une réponse, un peu verte il est vrai, mais bien méritée par* M. St-Crépin. *M. Escande s'obstina, contre tout droit, à ne pas insérer cette réponse qui par suite n'a pas été connue des lecteurs du* Nouvelliste. *Après l'avoir communiquée, d'abord à mes paroissiens, je la mets aujourd'hui sous les yeux de mes amis en la faisant précé-*

der de la note constatant le refus dont j'ai été victime.

### Communication
### Aux habitants de Monestiés

Le *Nouvelliste du Tarn* a publié en quatrième page, le 25 août, une correspondance de Monestiés, signée *Saint-Crépin*. Cette correspondance pleine de grossièretés, renferme deux passages qui visent d'une manière *évidente* le curé de Monestiés. Ce ne sont rien moins que des calomnies et des outrages. Le curé de Monestiés a répondu, le lendemain 26 août, au *Nouvelliste* qui, invité avec insistance et par trois fois à reproduire cette réponse, s'y est constamment refusé sans motiver son refus. Au lieu de recourir au papier timbré, comme c'était son droit, le curé de Monestiés a préféré livrer purement et simplement sa réponse à ses paroissiens qui apprécieront.

Nous reproduisons les deux pièces formant la réponse en question :

*A Monsieur le rédacteur du* Nouvelliste,

Monestiés, 26 août 1880.

« Monsieur le Rédacteur,

« Votre correspondant de Monestiés, vous ne le connaissez pas ; mais ici nous le connaissons et j'ai la charité de vous dire que c'est un ami compromettant, un faux frère. Il voudrait salir tout autour de lui et malgré ses humiliations incessantes, il a toutes les audaces. Que les paisibles habitants de Monestiés se rassurent cependant ; ce ne sont pas eux qui manient la poix et il est écrit que celui-là en est souillé qui la touche : *Qui tetigerit picem inquinabitur ab ea*. Dans l'intérêt de votre journal et malgré qu'il en soit un des actionnaires, surveillez ce correspondant.

« Quelques passages de sa dernière lettre, insérée dans le *Nouvelliste* d'hier, 25 août, me concernent et ne peuvent regarder que moi. De là le droit et le devoir que j'ai d'adresser à ce gentilhomme si bien élevé les lignes d'autre part, que vous voudrez bien insérer dans le plus prochain numéro de votre journal, en y joignant la présente.

« J'ai l'honneur d'être, Monsieur le rédacteur, votre abonné et serviteur très-humble,

« CAPUS, curé de Monestiés. »

*A Monsieur Saint-Crépin, à Monestiés*

Monestiés, 26 août 1880.

« Cher monsieur Saint-Crépin,

« Hier, 25 du courant, vous avez daigné publier dans le *Nouvelliste*, signant cette fois de votre vrai nom, à peu près, une charmante épître, burinée comme toutes les autres de main de maître, et vous avez été assez aimable pour m'y accorder enfin un petit souvenir. J'ai ainsi des nouvelles toutes fraîches de votre santé et m'empresse de vous témoigner ma douleur de voir que la blessure reçue par vous, en septembre dernier, non-seulement n'est pas cicatrisée, mais saigne largement encore. Qui donc l'aurait crue si profonde ? Courage cependant ; Saint-Crépin, votre patron est là, ayez confiance.

« Mon digne Saint-Crépin, vos souffrances sont grandes, et qui l'ignore! Des contradictions nombreuses vous accablent, les clients, anciens et nouveaux s'envolent à tire-d'aile et vous donnent des loisirs inespérés et que vous ne désirez pas.... Tout cela commande l'indulgence, la miséricorde, la pitié.... et tout cela je vous l'accorde ; croyez à ma sympathie. Ce qui suit en sera la preuve : *Conseil salutaire est amour sincère.*

« Vous m'attribuez en partie la paternité de l'article que vous prétendez combattre dans votre susdite lettre. Or, je vous le déclare, cette paternité ne m'appartient pas. Et au fond, vous auriez dû vous souvenir que certaines paternités sont plus avouables que telles autres... Le silence eût été d'or.

» Je suis, ajoutez-vous, *trainant, lourd*, dans ma prose, cela est vrai. On constate pourtant, qu'avec ces défauts et bien d'autres que vous n'énumérez pas, *je suis toujours arrivé*, tandis que vous, cher Saint-Crépin, quoique vrai zéphir, en toutes choses, vous êtes *toujours resté en route*.

« Un mot me peine singulièrement dans votre écrit : *Cafard*. Si vous eussiez connu le sens de cette expression, jamais elle ne se fut trouvée sous votre plume et pour cause.

« Mais ceci dépasse les limites. *Vous me menacez*. Hélas, ces menaces datent de bien loin, sans jamais se réaliser ! J'ai donc lieu de croire que vous aussi, vous n'avez dans votre arsenal que des pistolets de paille et des sabres de bois. Permettez-moi donc de dormir tranquille encore quelques jours.

« Et pourquoi parlez-vous si à la légère d'un de vos amis, *citoyen honorable* de Monestiés, qui aurait été diffamé ? Je vous affirme que celui-là ne sera jamais diffamé.

« Et puis quelques passages sont obscurs dans votre prose, je veux dire dans votre poësie, car c'est une œuvre d'imagination surtout. Expliquez-vous donc un peu et pas tant de devinettes. La ruse et la finesse ne vont pas, dit-on, de compagnie avec la loyauté dans vos *Domaines*. Serait-il donc vrai que les premières ont chassé la seconde ?

« Un dernier conseil, cher interlocuteur, en finissant. Vous changez toujours de masque, prenant successivement celui d'un *Rural*, d'un *Roturier*, d'un *Saint-Crépin*, etc. — Peine perdue et mieux vaut n'en avoir aucun, comme moi qui signe :

« Votre serviteur,

« CAPUS, curé de Monestiés. »

*Les pièces qui précèdent, tombées dans le domaine public, sont reproduites bientôt par les journaux républicains d'Albi. M. Escande s'irrite comme s'il n'était pas lui-même la cause première de ce fait, prend sa meilleure plume de journaliste, se donne une mission qui certes ne lui appartient pas, crie au scandale parmi le clergé, tance sévèrement le curé de Monestiés qui n'en peut mais, et, finalement, l'accuse de collaborer aux journaux républicains.*

*Aussitôt j'adresse au* Nouvelliste *la lettre que voici :*

« A M. Escande, rédacteur du *Nouvelliste du Tarn*, à Albi.

« Monestiés, le 10 septembre 1880.

« Monsieur le Rédacteur,

« La note me concernant et insérée dans le numéro du *Nouvelliste* de ce jour (10 septembre) est-elle bienveillante pour moi ? — Oui et non ; mais plutôt *non* que oui. Merci pour la partie bienveillante. — Voilà pour l'ensemble.

« Cette note, de *fantaisie*, très incomplète malgré son étendue, permet de supposer bien des choses. — Vous m'aviez promis, Monsieur le Rédacteur, sans que je vous le demande, d'insérer ma *Réponse à Saint-Crépin*, au cas où les autres journaux d'Albi viendraient à l'insérer. Ils l'ont fait, et huit jours après vous rédigez une Note, de *fantaisie* je le répète, au sujet de cette Réponse ; mais, la *Réponse même*, point.

« J'ai toujours estimé la loyauté bien au-dessus du talent, Monsieur le Rédacteur, et cette qualité, à mes yeux, a un prix tout particulier lorsqu'elle se trouve chez le journaliste.

« Mais passons à l'essentiel, et permettez-moi de vous exposer sans détour ma pensée et mes sentiments.

« 1° Il est faux, et vous l'affirmez cependant, que je me sois adressé au *Patriote* ou à l'*Union républicaine*, à l'un et à l'autre si vous voulez, pour faire insérer la réponse refusée par vous. Cette réponse étant devenue publique à Monestiés, parce que c'était *nécessaire*, ces journaux s'en sont emparés et voilà tout. Vous étiez prévenu que les choses se passeraient probablement ainsi, pourquoi donc vous plaignez-vous !

« 2° Vous me prêtez les paroles suivantes : « A partir d'aujourd'hui, le *Nouvelliste* a en moi un ennemi implacable ; je ferai mon possible pour que tous ceux de mes amis qui y sont abonnés refusent de le recevoir plus longtemps. » Ce procédé, Monsieur le Rédacteur, peut être commode pour votre attaque et pour votre défense. Malheureusement pour vous, il manque par la base, et, au lieu de croire autre chose, je préfère penser que votre mémoire vous fait absolument défaut. Voici la vérité vraie : Vous m'avez dit, au cours de notre conversation : Toutes ces affaires peuvent faire perdre des abonnements... Et j'ai répliqué : Et oui ! Mais que voulez-vous que j'y fasse ! — Il y a loin de là à votre assertion textuelle et soulignée. En fait, je n'ai pas eu à déconseiller, autour de moi, les abonnements au *Nouvelliste* ; la défection dans votre camp, qui est aussi le mien, s'est produite spontanément. L'avenir me dira ce que j'aurai à faire moi-même.

« 3° Au sujet de ce passage de ma *Réponse* : *Certaines paternités sont plus avouables que telles autres*, vous inventez le colloque mis sous les yeux de vos lecteurs. Tel il n'a pas été, et je l'affirme sans y être obligé, car peu m'importe au fond. Vous me disiez : Il y a dans votre *Réponse* des allusions qui me semblent graves et que je ne comprends pas..... — Soit, répondis-je, elles y sont à mes risques et périls ; et si j'ai ajouté : *On les comprendra à Monestiés*, c'était tout naturel, d'autant que, vous aussi, vous pouviez les comprendre, puisque vous aviez reproduit les lettres précédentes de votre correspondant de Monestiés, lettres dont je ne voudrais la *paternité* à aucun prix.

« 4° Vous m'aviez parlé d'une *Note* que vous eussiez insérée, au cas où j'aurais renoncé à l'insertion demandée ; mais nullement d'une *Note* CONCERTÉE ET CONSENTIE ENTRE NOUS, ce qui est tout autre chose et bien différent.

« Comme il est agréable de parler à sa guise dans un journal et de créer à ceux qui sont attaqués une impossibilité morale de répondre aux provocations qui leur sont prodiguées !

« Vous êtes journaliste, Monsieur le Rédacteur, et je ne le suis pas. Nous ne sommes donc pas sur le même terrain, et des deux côtés les armes ne sont pas égales. Je n'insiste, par conséquent, pas autrement, et je passe d'autres *inexactitudes* ; inutile de les relever toutes. Ce serait trop long.

« Je termine. Le curé de Monestiés est tout disposé à recevoir des conseils et des avis de la part de qui que ce soit, même des journalistes, mais à la condition que la vérité ne sera pas indignement travestie et la justice violée. — Dans ce dernier cas, je protesterai toujours et quand même. La vérité et la justice sont des vertus trop belles et trop précieuses pour les laisser impunément fouler aux pieds par qui que ce soit et n'importe sous quel masque. C'est mon avis.

« Si vous insérez les observations qui précèdent, Monsieur le Rédacteur, je me tiendrai pour satisfait. Dans le cas contraire, elles auront le sort de la *réponse que vous avez refusée*, sans que j'aie besoin de m'en occuper autrement. Je les ferai connaître à mes paroissiens. C'est malheureux, mais *nécessaire*.

« Touché de votre sollicitude pour ma réputation, je vous prie d'agréer, Monsieur le Rédacteur, toutes mes civilités.

« CAPUS,
« Curé de Monestiés. »

*M. Escande reproduit cette lettre et l'accompagne de maintes choses désobligeantes, pour ne rien dire de plus, à l'adresse du curé de Monestiés qui réplique sans le moindre retard comme il suit :*

« Monestiés, le 12 septembre 1880.

« Monsieur le Rédacteur,

« Je viens de lire la note que vous me consacrez dans le *Nouvelliste* de ce jour (12), et j'ai le regret de ne pouvoir faire ce que je désirais tant cependant, après ma lettre d'avant-hier : ME TAIRE. Un mot de cette nouvelle note m'en empêche.

« Des informations prises à source sûre et désintéressée vous ont fait connaître que le curé de Monestiés est *batailleur*, si batailleur que jusqu'à ces derniers jours, il n'avait oncques écrit un seul mot dans aucun journal. Mais, soit ; en tout cas, il n'est pas disposé à perdre de sitôt cette réputation qu'on lui a si généreusement octroyée et qui ne lui déplaît pas. C'est précisément pour cela et pour se former de plus en plus la main qu'il va batailler encore un peu.

« Je serai sobre cependant ; d'ailleurs, je manque essentiellement de ces habiletés qui chez vous se traduisent par des *sourires*. Je vais droit devant moi ; et tant pis si quelque mal avisé, venant à me jeter de la boue, SANS PROVOCATION AUCUNE DE MA PART, se trouve lui-même éclaboussé

« Je ne demande qu'une chose, *mais une seule chose*, à vos lecteurs, ou plutôt à mes amis qui vous lisent, c'est de peser *attentivement* mon récit aussi bien que le vôtre, pas au point de vue littéraire, bien entendu, mais sous tous les autres rapports. Après cela, ils accorderont créance à vous ou à moi, comme ils l'entendront. — Je maintiens intégralement le contenu de mes lettres au *Nouvelliste*.

« Je le reconnais, j'ai fait l'imprudence d'aller *seul* dans les bureaux de ce journal où on fait dire tant de choses, où on en laisse ignorer tant d'autres ! Je comprends aujourd'hui qu'avec lui il faut des écrits. Ce qui se passe me le prouve. — Inutile d'aller plus loin.

« Je serais désolé, si vous pensiez, Monsieur le Rédacteur, qu'il y a en moi la moindre amertume contre qui que ce soit, surtout contre votre correspondant de Monestiés et celui qui vous fournit sur mon compte des renseignements si appréciés. Voyez-vous, je jette tant de ffet sur deux ou trois de mes paroissiens, qu'heureusement il ne m'en reste plus pour les autres.

« Donc, Monsieur le Rédacteur, je ne cesse d'avoir pour vous la plupart des sentiments que je pris la liberté de vous manifester le 30 août dernier, et vous prie d'en agréer encore l'expression.

« Votre très-humble serviteur

« CAPUS, curé de Monestiés.

« *P. S.* — Cette réponse à votre réplique devra être insérée dans le plus prochain numéro du *Nouvelliste*, y compris le *P. S.* et alors, *si vous voulez bien*, ce sera fini et nous pourrons nous serrer la main.

« Je crois inutile de relever quelques fautes d'impression qui se sont glissées dans la reproduction de ma lettre, sans doute à votre insu. »

*Ces compliments reçus et insérés au* Nouvelliste, *M. Escande annonce que désormais il se taira au sujet du curé de Monestiés, qui est trop* batailleur *sans doute; mais malheureusement pour lui il n'a pas su tenir sa promesse; car le 29 septembre il me prend de nouveau à partie, m'accuse de rechef, de collaborer à d'autres journaux que le sien et donne à entendre qu'à l'avenir il ne me ménagera pas comme il l'a fait jusqu'ici.*

*Immédiatement je lui réponds par la lettre qu'on va lire et qu'il refuse d'insérer. Alors je la communique aux habitants de Monestiés et leur explique par une note qui la précède ce nouveau recours à la publicité.*

*Voici et la note et la lettre:*

### Nouvelle Communication
### aux Habitants de Monestiés.

« Qu'on le sache et qu'on se le dise, M. Escande, rédacteur du *Nouvelliste du Tarn*, l'homme loyal et intègre par excellence (il a fait ses preuves), s'est donné depuis le 25 août dernier, la mission noble s'il en fût, de faire savoir *urbi et orbi* que le curé de Monestiés est le collaborateur des journaux républicains d'Albi ; c'est son cauchemar, c'est sa marotte, et il ne peut écrire une ligne au sujet de Monestiés sans y revenir. Aurait-il donc, personnellement ou pour autrui un intérêt majeur à ce qu'il en fut de la sorte ? Obstination et peine perdues, tout le monde sait bien ici que le curé de Monestiés n'a jamais collaboré à aucun journal. Seulement dans ces derniers jours, il a dû se défendre contre les infamies que le *Nouvelliste* a voulu propager sur son compte. Et ne pouvant obtenir ni par la persuasion ni par la menace que le journal diffamateur, je veux dire le *Nouvelliste*, insérât ses réponses, le curé de Monestiés les a communiquées à ses paroissiens. De là elles sont parvenues aux journaux qui sont en guerre avec M. Escande, et de plus belle cet honorable écrivain d'accuser le curé de Monestiés de correspondre avec ces journaux. D'où il suit que la correspondance *délictueuse* qu'il me prête, c'est lui-même qui l'a faite. Honneur donc à un tel homme, il est en train de mériter une statue.

« Monestiés, le 1ᵉʳ octobre 1880.

« CAPUS. »

Copie de ma dernière lettre a M. Escande, rédacteur du *Nouvelliste* :

« Monestiés, le 29 septembre 1880.

« Monsieur le Rédacteur,

« Si je comprends bien le nouvel article que vous me consacrez aujourd'hui, vous n'auriez gardé le silence, après ma lettre du 12 courant, que par égard pour moi, et aussi pour tenir la promesse que vous aviez faite de ne pas répondre.

« Sur cela j'ai à vous dire, Monsieur, que je ne veux aucun ménagement de votre part et que je vous rends volontiers, et en tant que de besoin, la promesse faite par vous de ne pas répliquer à mes lettres.

« Il s'agit entre nous, Monsieur, d'une question de loyauté d'abord, vous ne pouvez le nier, et sur ce point vous avez le droit, que je ne vous contesterai jamais, d'examiner ce qu'est la mienne ; ne me contestez pas le droit et le *devoir* que j'ai moi-même de démontrer quelle est la vôtre.

« Serrons autant que possible la démonstration.

« En principe, vous répondez et vous devez répondre

des articles anonymes du *Nouvelliste* comme vous le reconnaissiez du reste encore ces jours-ci.

« Or, Monsieur, le 25 août dernier, vous avez reproduit une lettre anonyme et diffamatoire contre moi. Vous en étiez responsable. Trois fois cependant, tout en reconnaissant mes droits vous avez refusé d'insérer dans le *Nouvelliste* ma réponse *signée de mon nom* et qui ne pouvait par conséquent retomber sur vous.

« Dans quel pays cela s'appellera-t-il jamais de la loyauté ?

« Je poursuis. Dans la situation qui m'était faite, au lieu de vous envoyer l'huissier, je me contentai de rendre ma réponse publique à Monestiés, comme d'ailleurs je vous en avais prévenu. Les journaux d'Albi, et on devait s'y attendre, s'en emparent et la publient. Vous gardez le silence pendant huit jours, et à ce moment au lieu de publier vous-même cette réponse, comme c'était votre devoir, vous rédigez un article magistral contre le curé de Monestiés, et c'est article, vous le servez tout chaud à vos lecteurs qui ne connaissant pas la lettre que vous critiquez, n'y peuvent rien comprendre, mais qui pourtant à cause de vos insinuations perfides, comme vous savez en écrire, restent sous une impression pénible à mon égard.

« Est-ce là ce que vous appelez loyauté, Monsieur Escande ?

« C'est alors, Monsieur, qu'indigné de vos procédés, je vous adresse une nouvelle lettre, que vous insérez, il est vrai, mais que vous commentez traîtreusement, et Dieu sait si vous êtes habile dans cet art ! Et de nouveau, abusant de l'esprit que vous avez ou que vous croyez avoir, vous cherchez à me déconsidérer aux yeux du public. En finissant, et voulant sans doute vous montrer *magnanime*, vous annoncez que désormais vous insérerez mes lettres sans y répondre. Je ne puis m'empêcher d'observer que c'est là un système très-commode, sinon très-loyal, et vous le savez mieux que n'importe qui en ayant fait trop souvent l'expérience, pour celui qui se trouve acculé par ses imprudentes attaques dans une impasse sans issue.

« Naturellement je réplique par des *compliments* qui vous chatouillent d'une manière peu agréable et néanmoins vous vous taisez.

« Tout était donc fini, mais pas à votre gloire, et c'était trop clair. Aussi, croyant vous tirer d'embarras (mais hélas ! vous ne faites que vous y enfoncer de plus en plus !) vous revenez aujourd'hui sur cette lettre qui vous pèse horriblement et vous m'obligez à mon grand regret, à vous dire encore des choses pénibles.

« Voilà encore une fois la loyauté du *Nouvelliste*, et telle est la situation qu'il se fait maladroitement lui-même. »

« Passons à autre chose.

« Vous voudriez, Monsieur, mêler la politique à nos débats personnels et vous cherchez à me noircir sous ce rapport. Sachez que l'Église ne fait pas, ou du moins ne doit pas faire de politique, et qu'elle accepte tous les gouvernements qui ne violent pas ses droits imprescriptibles, comme un acte récent nous le prouve pour la centième fois. Eh ! bien, pour ma part je n'ai jamais fait acte politique et quant à mes opinions, que je crois aussi correctes que les vôtres, je ne reconnais à personne, pas même à M. Escande, le droit de me les demander, ou plutôt de les travestir, de les dénaturer sans les connaître. Je voudrais bien savoir ce que diraient mes confrères si vous aviez l'outrecuidance de les interpeller, ne serait-ce qu'indirectement, là-dessus. — Vos insinuations d'aujourd'hui qui voudraient être méchantes et qui ne sont que ridicules, ne méritent que le mépris et je les méprise.

Laissez le curé de Monestiés tranquille, il ne vous provoquera pas ; mais n'oubliez pas qu'il est *batailleur* par nature sûrement, un peu par goût peut-être (le *trio* de Monestiés vous l'a dit), et quelquefois *qui s'y frotte, s'y pique*.

Je vous prie, Monsieur, et au besoin vous requiers d'insérer dans le plus prochain numéro du *Nouvelliste*: 1° la présente lettre ; 2° la note que vous trouverez ci-jointe et 3° ma lettre à vous adressée de 26 août dernier et celle à *Saint-Crépin* qui l'accompagne. Je n'ai jamais renoncé à l'insertion de ces dernières pièces ; j'y ai droit, il faut qu'elles soient connues de vos lecteurs. Vous m'avez consacré un assez grand nombre de colonnes du *Nouvelliste* pour que je vienne à mon tour en occuper quelques-unes.

Recevez, Monsieur, mes salutations.

CAPUS,

Curé de Monestiés.

*Voilà où en est mon conflit avec le* Nouvelliste. *Conti-*

nuera-t-il sa polémique, je veux dire ses calomnies ? Il en est bien capable. Je l'attends.

Pour le moment je m'arrête, ayant ici d'autres chats à fouetter.

*Monestiés, le 4 octobre 1880.*

CAPUS.

### ADDENDUM.

Au moment de livrer au Public les lignes qui précèdent, il me revient de divers côtés que Monestiés serait en complète révolution.... Heureusement il n'en est rien, je le déclare. Ma paroisse est dans le plus grand calme et le bien s'y fait d'une manière plus que satisfaisante par l'accord parfait des deux prêtres qui lui prodiguent leurs soins. Les bruits calomnieux répandus à son sujet dans le diocèse sont le fruit des correspondants du *Nouvelliste* qui protège ainsi à sa manière la religion et le clergé. Le rôle de *Basile* ne lui déplaît pas, et il a ici deux ou trois dignes émules qui sous le masque religieux et conservateur se donnent toutes les licences.

Je l'avoue pourtant, notre fabrique est aux abois par suite surtout des procès qu'elle vient de perdre; mais le curé peut bien se laver les mains de ce triste état de choses, car c'est *sans lui* et *contre lui*, mais *non seul* que cette pauvre fabrique a livré tous ses combats malheureux.

CAPUS.

Albi. — Imprimerie S. RODIÈRE.

www.ingramcontent.com/pod-product-compliance
Lightning Source LLC
Chambersburg PA
CBHW070541050426
42451CB00013B/3115